BEI GRIN MACHT SICH IHR
WISSEN BEZAHLT

AF136176

- Wir veröffentlichen Ihre Hausarbeit,
  Bachelor- und Masterarbeit

- Ihr eigenes eBook und Buch -
  weltweit in allen wichtigen Shops

- Verdienen Sie an jedem Verkauf

Jetzt bei www.GRIN.com hochladen
und kostenlos publizieren

GRIN

Die Rolle des Wissensmanagements in der Industrie 4.0

Patrick Tinz
Janik Tinz

Bibliografische Information der Deutschen Nationalbibliothek:

Die Deutsche Nationalbibliothek verzeichnet diese Publikation in der Deutschen Nationalbibliografie; detaillierte bibliografische Daten sind im Internet über http://dnb.d-nb.de abrufbar.

ISBN: 9783346424457
Dieses Buch ist auch als E-Book erhältlich.

© GRIN Publishing GmbH
Nymphenburger Straße 86
80636 München

Druck und Bindung: Books on Demand GmbH, Norderstedt Germany
Gedruckt auf säurefreiem Papier aus verantwortungsvollen Quellen

Das vorliegende Werk wurde sorgfältig erarbeitet. Dennoch übernehmen Autoren und Verlag für die Richtigkeit von Angaben, Hinweisen, Links und Ratschlägen sowie eventuelle Druckfehler keine Haftung.

Das Buch bei GRIN: https://www.grin.com/document/1022612

Hochschule Darmstadt

– Fachbereich Informatik –

Die Rolle des Wissensmanagements in der Industrie 4.0

Studienarbeit

im Modul Wissenschaftliches Arbeiten in der Informatik

im Studiengang zum

Bachelor of Science (B.Sc.) - Informatik

von

Patrick Tinz & Janik Tinz

ZUSAMMENFASSUNG

Diese Arbeit untersucht aktuelle Ansätze im Bereich Wissensmanagement in Bezug auf die Industrie 4.0, dabei spielt vor allem die Vernetzung von Betriebs- und Fertigungsprozessen eine zentrale Rolle. Durch den digitalen Wandel verändert sich die wissensbasierte Wertschöpfung in der Industrie und dabei ist es vor allem essenziell Wissen zeit- und ortsunabhängig zugänglich zu machen. Die Problemstellung für das Paper ist es, die Herausforderungen an das Wissensmanagement herauszuarbeiten und den Zugang zu Wissen für Mensch und Maschine zu untersuchen. Im Rahmen der Studie werden verschiedene Lösungswege zur Entwicklung von Wissen und Anforderungen an ein Wissensmanagementsystem vorgestellt. Abschließend diskutiert der Beitrag, wie auf Grundlage bestehender Konzepte für das Wissensmanagement 4.0 das Modell der Wissensblume abgeleitet werden kann.

INHALTSVERZEICHNIS

ABBILDUNGSVERZEICHNIS

EINLEITUNG

Im Zeitalter der Digitalisierung spielt Wissensmanagement im unternehmerischen Kontext eine zentrale Rolle. Für ein effektives Wissensmanagement müssen Daten wissensorientiert aufbereitet und zur Verfügung gestellt werden. In Zukunft ist es wichtig, dass es nicht nur Mechanismen zur Wissenserhaltung gibt, sondern auch zum Wissenstransfer und zur Wissensgenerierung [Sei17]. Für die Industrie bieten Wissensmanagementsysteme die Chance diese Mechanismen umzusetzen. Die Motivation dieses Papers ist mit Hilfe von aktuellen Ansätzen im Bereich Wissensmanagement ein Modell für Wissensmanagement in der Industrie 4.0 herauszuarbeiten.

Im Zuge der Vernetzung von Betriebs- und Fertigungsprozessen in der Industrie wird es immer wichtiger große Datenmengen strukturiert darzustellen. Im Weiteren entstehen durch den digitalen Wandel neue Anforderungen an die Industrie, wodurch neue Herausforderungen an das Wissensmanagement gestellt werden. In diesem Zusammenhang beantworten wir die Frage, wie erfolgreich bereits bestehende Wissensmanagementansätze in der Industrie sind. Des Weiteren gehen wir auf die Fragestellung, welche neuen Herausforderungen die Industrie 4.0 an das Wissensmanagement stellt, ein. Das Wissensmanagement der Vergangenheit konzentrierte sich vor allem auf das Bewirtschaften von vorhandenem Wissen mit starkem Fokus auf dessen Dokumentation [PP11]. In diesem Kontext sind Wikis zu erwähnen, da viele Unternehmen mit Wikis ihr Unternehmenswissen dokumentieren. Als Beispiel kann man an dieser Stelle die Fraport AG heranziehen, da das Unternehmen im Jahr 2007 ein betriebliches Wiki - genannt „Skywiki"- eingeführt hat [Nor16b]. Wikis sind einfach zu bedienen und scheinen den Mitarbeitern einen Nutzen zu bringen. Solche Wikis dienen nicht nur zur Wissensdokumentation, sondern auch als Austauschplattform für Abteilungen, als Vorbereitung zu Meetings, als globaler Wissensspeicher, als Lernplattform und als Support-Plattform für Kunden [Nor16b]. Wir analysieren in unserer Studie das ganzheitliche Wissensmanagement-Modell nach Seidenstücker [Sei17], um zunächst einen Überblick zu geben. Anschließend analysieren wir die Wissenstreppe 4.0 nach North [NM18] und das Forschungsprojekt „Assist 4.0: Kontextbasierte mobile Assistenzsysteme für die Industrie 4.0" der evolaris next level GmbH [BAH15], um aktuelle Ansätze des Wissensmanagements im Kontext von Industrie 4.0 herauszuarbeiten.

Mit diesem Paper wird ein wichtiger Beitrag für die Zukunft des Wissensmanagements im Hinblick auf den digitalen Wandel in der Industrie geleistet. Wir haben mit Hilfe aktueller Konzepte das Modell der Wissensblume für das Wissensmanagement 4.0 ausgearbeitet. Ein zentrales Ergebnis unserer Arbeit ist, dass ein Wissensmanagementsystem zur Generierung, Erhaltung und Aktualisierung von Wissen für die Wettbewerbsfähigkeit eines

Unternehmens elementar ist. Eine zentrale Anforderung zur erfolgreichen Umsetzung eines Wissensmanagementsystem ist die Etablierung einer Lernkultur im Unternehmen [HF17].

Das Paper beschäftigt sich zunächst mit den grundlegenden Begriffen im Zusammenhang mit Wissensmanagement und Industrie 4.0. In einem weiteren Abschnitt werden mögliche Konzepte für die Umsetzung von Wissensmanagement in der Industrie 4.0 vorgestellt. Auf Grundlage dieser Konzepte werden wir eine vergleichende Analyse anhand ausgewählter Kriterien durchführen. In einer anschließenden Diskussion entwickeln wir unser Modell für das Wissensmanagement 4.0.

GRUNDLEGENDE BEGRIFFE

2.1 INDUSTRIE 4.0

Im Allgemeinen versteht man unter dem Begriff Industrie 4.0 die vierte industrielle Revolution. Der Begriff Industrie 4.0 ist ein Marketingbegriff, welcher vor allem von der deutschen Bundesregierung propagiert wird. International ist der Begriff als die Digitalisierung der Industrie bekannt. Es handelt sich dabei um ein Zukunftsprojekt der Bundesregierung, welches sich durch Individualisierung einzelner Produkte, die Kopplung zwischen Produkten und Dienstleistungen sowie die Einbindung von Kunden und Geschäftspartnern in die Geschäfts- und Wertschöpfungsprozesse auszeichnet [BMB]. Die Umsetzung soll mit der Vernetzung von Maschinen über das Internet erfolgen, dabei soll eine vernetzte und automatisierte Industrie entstehen. Die Industrie 4.0 basiert auf Cyber-physischen Systemen, welche auf dem Konzept „3C" (Computation, Communication und Control) beruhen [RMCBRT18]. Die Kommunikation bezieht sich hierbei nicht nur auf die Maschine zu Maschine Kommunikation, sondern auch auf die Kommunikation zwischen Mensch und Maschine. Im Weiteren erfordert die Vernetzung der Maschinen die Kompetenz des Menschen. In diesem Zusammenhang sind auch mögliche Risiken zu beachten. In der Automatisierung von Produktionsabläufen kann es zu Fehlfunktionen kommen, deshalb ist dabei vor allem auf die Verfügbarkeit, Integrität, Authentizität und Vertraulichkeit zu achten.

2.2 INTERNET DER DINGE (INTERNET OF THINGS, IOT)

Das Internet der Dinge bezeichnet das Zusammenspiel zwischen der virtuellen und der physischen Welt. Maschinen und Menschen können über das Internet miteinander kommunizieren. In diesem Zusammenhang sind die digitalen Zwillinge (engl.: digital twins) anzuführen. Mit Hilfe dieses Konzepts kann eine virtuelle Kopie einer Maschine erstellt werden. In der virtuellen Welt kann man mit der Maschine interagieren wie in der physischen Welt. Die digitalen Zwillinge bilden die Sensor-Daten, die Engineering-Informationen, die Geschäftsdaten und die Kontextdaten ab [HK17]. Die Sensordaten liefern Zustandsinformationen über die Maschine aus der realen Welt. Die Engineering-Informationen hingegen zeigen Produkt- bzw. Leistungsdaten der Maschine auf. Die Geschäftsdaten liefern Informationen zum Produkt in Bezug auf den Kunden. Als Kontextdaten werden die Informationen zum Umfeld bezeichnet, diese können z.B.: Wetter, Temperaturen oder Windgeschwindigkeiten sein. Aus den vielen Daten müssen Maschinen mittels Maschinen Lernen eine qualitativ hochwertige Gesamtdarstellung der Daten erstellen. Die erlangten Erkenntnisse über bestimmte Abläufe zum Beispiel in Fertigungsprozessen können zu Produktverbesserungen genutzt werden. Das Internet der Dinge ist ein wesentlicher Bestandteil von Industrie 4.0.

2.3 WISSEN

Die Autoren Probst, Raub und Romhardt definieren den Begriff Wissen als „die Gesamtheit der Kenntnisse und Fähigkeiten die Individuen zur Lösung von Problemen einsetzen. [...] Wissen stützt sich auf Daten und Informationen, ist im Gegensatz zu diesen jedoch immer an Personen gebunden." [PRR12]. Diese Definition zeigt auf, dass man eine Abgrenzung zwischen den Begriffen Daten und Informationen benötigt. Die Wertschöpfungskette wie aus Daten Informationen und schließlich Wissen entsteht wird in der Literatur anhand des DIKW-Modells nach Aamodt und Nygård verdeutlicht [AN95] [Row07]. In Bezug auf die Industrie 4.0 ist anzuführen, dass Sensoren große Datenmengen generieren. Die Übertragung von diesen Daten (engl.: data) wird über das Internet der Dinge ermöglicht. Die Daten haben dabei zunächst keine Aussagekraft, diese müssen strukturiert und schließlich analysiert werden. Während diesem Prozess werden die Daten in Informationen (engl.: information) umgewandelt. Die erlangten Informationen können schließlich mittels Anreicherung von Erfahrungen in Wissen (engl.: knowledge) überführt werden. Das entstandene Wissen führt abschließend durch einen komplexen Entscheidungsprozess zu Erkenntnissen respektive zu einer Weisheit (engl.: wisdom).

2.4 WISSENSMANAGEMENT NACH NONAKA UND TAKEUCHI

Der Betrachtung von Wissensmanagement-Modellen im Kontext von Industrie 4.0 stellen wir das Konzept der Wissensspirale von Nonaka und Takeuchi [NT+97] voran. Auf Grundlage der Wissensspirale werden im Anschluss Modelle für Wissensmanagement im Zeitalter der Digitalisierung vorgestellt. Nonaka und Takeuchi haben in ihrem Buch „The Knowledge-Creating Company" [NT95] aus dem Jahr 1995 ihr Modell für die Wissensbeschaffung in Unternehmen erläutert.

Aus ihrer Sicht ist das dynamische Wechselspiel von implizitem und explizitem Wissen der Schlüssel zur Wissensbeschaffung in Unternehmen. Die Wissensbeschaffung erfolgt in ihrem Modell durch die Umwandlung von implizitem zu explizitem Wissen und umgekehrt. Des Weiteren legen sie vier Formen der Wissensumwandlung dar. Bei der Sozialisation erfolgt die Wissensumwandlung von implizitem in implizites Wissen durch Beobachtungen und Nachahmungen. Diese Umwandlung findet bei der Kommunikation von Menschen statt. Die Externalisierung veranschaulicht die Wissensumwandlung von implizitem zu expliziertem Wissen. In diesem Zusammenhang wird implizites Wissen durch Schrift, Analogien, Hypothesen und Modellen explizit gemacht. Eine weitere Form der Wissensumwandlung ist die Kombination, bei welcher explizites Wissen in explizites Wissen

umgewandelt wird. Dieses Vorgehen geschieht durch Verbinden von explizitem Wissen zu „höherwertigem" Wissen. Diese Umwandlung von Wissen
kann man mit Datenbanken unterstützen, indem explizites Wissen dort gespeichert und ausgewertet wird. Die letzte Form der Wissensumwandlung
ist die Internalisierung, bei der explizites Wissen in implizites Wissen umgeformt wird. Hierbei findet eine Verinnerlichung von Wissen satt, ganz im
Sinne von „learning by doing" [FL14].

Nach Nonaka und Takeuchi erweitere sich im Unternehmen die Wissensbasis, wenn sich der Wissenserwerb der Mitarbeiter durch Kommunikation
im Wissensbestand der Gruppe niederschlägt [FL14]. Im Weiteren wird neues Wissen durch die Interaktion von Unternehmen untereinander geschaffen.
Bei technikorientierten Lösungsansätzen für Wissensmanagement steht bis-
her explizites Wissen im Fokus. Die Herausforderung ist es praktisches implizites Wissen in der Industrie nutzbar zu machen, um es allen Mitarbeitern
zur Verfügung zu stellen.

Wir haben drei Wissensmanagementmodelle ausgewählt, die wir nun beschreiben werden. Zunächst gehen wir auf das ganzheitliche Modell eines Wissensmanagementsystems von Seidenstücker aus dem Jahr 2017 ein, da dieses Modell das Wissensmanagement aus einer Marktforschungsperspektive betrachtet. Als zweites Modell stellen wir die Wissenstreppe 4.0 von North aus dem Jahr 2017 vor, weil dieses Modell die Wissensentwicklung in der Industrie veranschaulicht. Die Wissenstreppe ist ein anerkanntes Modell im deutschen Sprachraum. Als letztes Modell betrachten wir das Forschungsprojekt Assist 4.0, welches im Zeitraum vom Januar 2014 bis zum Juni 2016 durchgeführt wurde. Dieses Modell zeigt eine mögliche Umsetzung eines Wissensmanagementsystems in der Industrie.

3.1 GANZHEITLICHES MODELL EINES WISSENSMANAGEMENTSYSTEMS

Dieses Modell wurde von Seidenstücker im Kontext der nachhaltigen Marktforschung erstellt. Die Autorin bezieht sich in ihrem Modell auf das DIKW-Modell, welches im Rahmen dieser Studie in Abschnitt 2.3 vorgestellt wurde. Im Weiteren betrachtet sie die „Triaden aus Technologie, Prozess und Mensch" [Sei17], diese Elemente spielen eine gleichberechtigte Rolle in Wissensmanagementsystemen.

Den Kern des Modells stellt das DIKW-Modell dar, welches von einer Wertschöpfungskette umschlossen ist. Die Wertschöpfungskette in diesem Modell ist iterativ dargestellt, dabei durchläuft die Wertschöpfung folgende Teilabschnitte: Sammeln → Nutzen → Anreichern → Teilen → Bewerten → Ausweiten. Das komplette Modell wird schließlich mit einem Trichter umrahmt, dieser ist mit den Begriffen Technik, Mensch und Prozess beschriftet. Die Technik ist für die Speicherung von Datenbeständen zuständig, dabei soll es auch möglich sein Bilder, Videos und PDFs einzubetten. Im Weiteren sollen mehrere Dateiformate (z.B.: HTML, PDF, MP3 und MP4) unterstützt werden. Außerdem sollen Inhalte archivier- und downloadbar sein und das System soll eine Suchfunktion und eine Filterfunktion bieten [Sei17]. Der Begriff Technik beschäftigt sich vor allem mit dem Sammeln von Daten. Der Mensch soll in diesem Modell Daten nutzen und ihnen eine Bedeutung zuweisen. Außerdem soll der Mensch die Daten mit Erfahrungen anreichern, sodass Wissen entsteht. In einem Prozess wird das Wissen schließlich geteilt und bewertet. Des Weiteren kommen im Laufe des Prozesses neue Daten hinzu, sodass der aktuelle Wissensbestand ausgeweitet werden kann.

3.2 DIE WISSENSTREPPE 4.0

Die Wissenstreppe 4.0 wurde von North entwickelt und stellt eine Erweiterung des Konzeptes der Wissenstreppe nach North [Nor16a] dar. In diesem Modell wird eine mögliche Wertschöpfungskette zur Entstehung von Wissen betrachtet. Eine schematische Darstellung des Modells kann der Abbildung 3.1 entnommen werden. Der Übergang von Zeichen zu Daten stellt den ersten Schritt in der Wertschöpfungskette dar. Die Daten bekommen im nächsten Schritt eine Bedeutung verliehen, sodass Informationen entstehen. Auf der nächsten Stufe der Wertschöpfungskette werden die Informationen mit Erfahrungen und Erwartungen angereichert und es bildet sich Wissen heraus. North legt dar, dass Wissen das Ergebnis der bewussten oder unbewussten Verarbeitung von Informationen sei [NM18]. Im nächsten Schritt

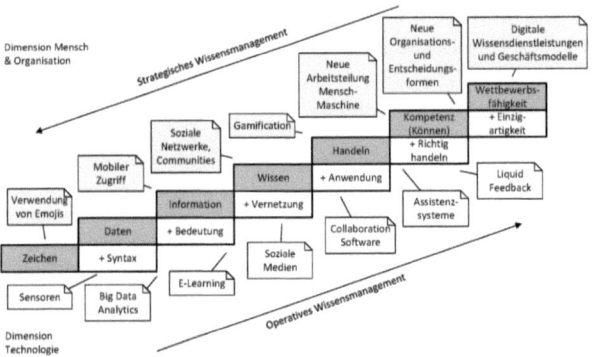

Abbildung 3.1: Wissenstreppe 4.0 (in Anlehnung an [NM18] [Nor16a])

der Wissenstreppe bildet sich unter menschlicher oder algorithmischer Anwendung des Wissens die Stufe des Handelns heraus. Im Weiteren kann die Fähigkeit oder Disposition in einer komplexen Situation selbst organisiert zu handeln, als Kompetenz bezeichnet werden [NRSS18]. Außerdem ist die Wertschöpfung das Ergebnis des Zusammenspiels mehrerer Kompetenzen von Personen, Gruppen, Netzwerken, intelligenten Systemen oder Institutionen auf Basis ihrer einzigartigen Informations- und Wissensressourcen [NM18]. Die oberste Stufe wird als Wettbewerbsfähigkeit bezeichnet, welche als eine Zusammenführung mehrerer Kompetenzen betrachtet werden kann. Des Weiteren stellt North in der Wissenstreppe die Dimensionen Mensch und Organisation gegenüber der Dimension Technologie dar. Im Bezug auf diese Gegenüberstellung ist das strategische Wissensmanagement auf der Dimension des Menschen und der Organisation einzuordnen. Es beschreibt die Hinterfragung des Wissens und der Kompetenzen innerhalb einer Institution und damit dient es als „Dynamisierer" [NM18]. Das operative Wissensmanagement hingegen ist auf der Dimension der Technologie einzuordnen.

Es soll dafür sorgen, dass das Wissen immer zur richtigen Zeit am richtigen Ort ist und dient damit als „Stabilisator" [NM18].

3.3 ASSIST 4.0

Im Forschungsprojekt „Assist 4.0: Kontextbasierte mobile Assistenzsysteme für die Industrie 4.0" erforschte die evolaris next level GmbH mit den Industriepartnern AVL List, Infineon und der Knapp AG neue Ansätze für Wissensmanagement im Fertigungsbereich. Dieser Abschnitt beschreibt die Umsetzung des Forschungsprojekts anhand von [BAH15]. Bei der Erstellung von Wissensinhalten wurden nicht nur textbasierte Formen, sondern auch multimediale Formen (Video, Foto und Audio) untersucht. Im Weiteren wurden die multimedialen Inhalte durch Unterstützung von Tablets, Smartphones, Datenbrillen und Smartwatches erstellt. Das Backend ist für die Verwaltung der generierten Daten zuständig. Die Mitarbeiter können die Inhalte hinsichtlich Relevanz bewerten, wodurch ein lernfähiges System entsteht.

Die grundlegende Idee des Modells kann man als „Youtube für die Industrie" beschreiben. Man hat in diesem Modell die Möglichkeit mit Hilfe von mobilen Endgeräten Erfahrungen während einer Tätigkeit festzuhalten und anderen Mitarbeitern zur Verfügung zu stellen. Dieses Modell setzt das Konzept „Training on the job" um, indem die Schulung der Mitarbeiter direkt im praktischem Umfeld durchgeführt wird. Folglich bietet Assist 4.0 die Möglichkeit das gesammelte Wissen direkt am Arbeitsplatz abzurufen. Im Weiteren wurden neben der redaktionellen Bearbeitung auch kollaborative Ansätze erforscht. Beim kollaborativen Filtern wird der Benutzer in der Entscheidung unterstützt, indem die Präferenzen mit ähnlichen Bewertungen abgeglichen werden.

In diesem Modell wurde auch an die Absicherung der Inhalte gedacht, indem Konzepte für Datenintegrität und Authentizität entwickelt wurden. Die Authentifizierung wird sichergestellt, indem eindeutig nachweisbar ist, wer der Ersteller der Inhalte ist. Nur so kann sichergestellt werden, dass nur autorisierte Inhalte zum Servicemitarbeiter gelangen. Bei der Datenintegrität wird sichergestellt, dass die Inhalte auf dem Transportweg nicht manipuliert werden. Diese Datenintegrität ist vor allem beim Datenaustausch zwischen Servicetechniker und Serviceanbieter zu beachten. Hinsichtlich der Privacy ist anzumerken, dass im Modell Maßnahmen getroffen wurden, um für zukünftige Anforderungen gerüstet zu sein.

VERGLEICHENDE ANALYSE

In der Analyse werden die vorgestellten Wissensmanagement-Modelle unter Berücksichtigung ausgewählter Kriterien analysiert, welche in dem nachfolgenden Abschnitt kurz beschrieben werden.

4.1 KRITERIEN

Die Abbildung 4.1 zeigt die Analysekriterien, mit welchen eine quantitative und qualitative Analyse durchgeführt wird. Die dargestellte Notation im unteren Abschnitt der Darstellung dient zur Quantifizierung. Jedes Kriterium enthält vier Kernaspekte, für welche es bei Erfüllung jeweils einen Punkt gibt. Die Bewertung für jedes Kriterium erfolgt nach folgendem Schema: ++ sehr gut = 4 Punkte, + gut = 3 Punkte, o befriedigend = 2 Punkte, - schlecht = 1 Punkt und -- sehr schlecht = 0 Punkte. Im Weiteren sind die qualitativen Aspekte der Analyse in der Darstellung festgehalten.

4.1.1 Wissensidentifikation

Die Wissensidentifikation bezieht sich vor allem auf das Bewusstsein, welche Daten, Informationen und Fähigkeiten in dem jeweiligen Unternehmen bereits vorliegen (1 Punkt). Es muss eine Transparenz über das verfügbare Wissen im Unternehmen geben, um neues Wissen identifizieren zu können (1 Punkt). Im Weiteren beschäftigt sich die Identifikation mit dem Erwerb von neuem Wissen aus Quellen, die außerhalb des Unternehmens liegen (1 Punkt). Das Wissen von Stakeholdern, Lieferanten und externen Experten birgt ein großes Potenzial für den Wissenserwerb, deshalb muss ein Algorithmus oder ein Redakteur mögliche Wissenslücken identifizieren können (1 Punkt).

4.1.2 Wissensentwicklung

Die Wissensentwicklung bezeichnet die Bemühung einer Institution noch nicht bestehende interne (1 Punkt) oder auch externe Fähigkeiten (1 Punkt) neu herauszubilden. Bei der Herausbildung von neuem Wissen müssen alle Unternehmensbereiche (1 Punkt) betrachtet werden, aus diesem Grund muss das Unternehmen stets offen für neue Ideen sein und die Kreativität der Mitarbeiter (1 Punkt) gezielt fördern.

4.1.3 *Wissensaustausch*

Wissen kann nur nutzbar gemacht werden, wenn es zu einem Austausch der vorhandenen Informationen oder Erfahrungen (1 Punkt) innerhalb des Unternehmens kommt. Das Wissen muss also ubiquitär in den entsprechenden Fachbereichen verfügbar gemacht werden (1 Punkt). Für eine Umsetzung des Wissensaustausch müssen Anreize (1 Punkt) für die Mitarbeiter geschaffen werden. Der Austausch von Wissen ist von zentraler Bedeutung für die Generierung von neuem Wissen (1 Punkt).

4.1.4 *Wissensnutzung*

Das zentrale Ziel des Wissensmanagements ist die produktive Nutzung des Wissensbestands, da Wissensmanagement nur dann einen Vorteil erbringt (1 Punkt). Es muss die Nutzung von Wissen auf individueller (1 Punkt) und gemeinschaftlicher Ebene (1 Punkt) gefördert werden. Für die Wissensnutzung ist die Aufbereitung von Wissen (1 Punkt) von zentraler Bedeutung.

4.1.5 *Wissenserhaltung*

Die erworbenen Fähigkeiten, Erfahrungen und Dokumente müssen effizient und plattformunabhängig gespeichert (1 Punkt) werden, damit dieses Unternehmenswissen für zukünftige Zwecke zur Verfügung steht. Die gezielte Wissenserhaltung von Erfahrungen oder Informationen funktioniert nur mit Managementbestrebungen (1 Punkt). Im Rahmen der Speicherung muss darauf geachtet werden, dass wertvolle Expertise nicht leichtfertig preisgegeben wird (1 Punkt). Im Weiteren muss das vorhandene Wissen regelmäßig aktualisiert (1 Punkt) werden, um die Qualität der Wissenserhaltung sicherzustellen.

4.1.6 *Wissensbewertung*

Eine Bewertung des Wissens ist im Kontext von Industrie 4.0 essenziell, da die Maschinen und die Menschen gemeinschaftlich Wissen aus Informationen extrahieren (1 Punkt). Die Qualität des Wissens steigt durch eine Bewertung (1 Punkt) stetig an. In diesem Zusammenhang ist der Controlling-Prozess eine Voraussetzung für Korrekturen bei der Durchführung eines langfristigen Wissensmanagements (1 Punkt). Die Bewertung des Wissens erfolgt durch den Menschen in Kombination mit algorithmischen Entscheidungen (1 Punkt).

4.1.7 *Mensch-Maschine-Interaktion*

Die Mensch-Maschine-Interaktion spielt eine zentrale Rolle für das Wissensmanagement, indem der Mensch über Gestensteuerung (1 Punkt) oder Sprachsteuerung (1 Punkt) mit der Maschine interagiert. Es müssen Technologien verwendet werden, welche die reale Welt erweitern (1 Punkt). Die Maschine kann automatisierte Berechnungen durchführen und diese Berechnungen den Mitarbeitern zur Verfügung stellen (1 Punkt).

4.1.8   Maschine-Maschine-Interaktion

Die Maschinen kommunizieren untereinander, indem sie Daten austauschen (1 Punkt). Diese Daten sind für das Wissensmanagement der Zukunft essenziell, da die Maschinen mit maschinellem Lernen aus den Daten Erkenntnisse ableiten können (1 Punkt). Mit diesen Erkenntnissen kann die Maschine Rückschlüsse (1 Punkt) ziehen und schließlich zukünftige Produktionsprozesse selbst optimieren (1 Punkt).

4.1.9   Datenschutz

Das Wissensmanagement in der Industrie 4.0 erfordert aufgrund von vernetzten Anlagen ein Konzept für den Datenschutz. Die Inhalte müssen hinsichtlich Datenintegrität (1 Punkt), Authentifizierung (1 Punkt), Autorisierung (1 Punkt) und Vertraulichkeit (1 Punkt) abgesichert werden. Bei diesem Kriterium erhält ein Konzept genau einen Punkt, wenn nur allgemein auf den Datenschutz eingegangen wird.

4.2   ANALYSE

In der nachfolgenden Analyse werden die Analysekriterien schrittweise auf die vorgestellten Wissensmanagement-Modelle angewendet. Die Quantifizierungen machen deutlich, inwieweit ein Modell auf das jeweilige Kriterium zutrifft.

Zunächst wird das ganzheitliche Modell eines Wissensmanagementsystems nach Seidenstücker [Sei17] betrachtet. In diesem Modell beginnt die Wissensidentifikation mit dem Sammeln von Daten, Informationen oder bereits existierendem Wissen (2 Punkte). In diesem Zusammenhang kann neues Wissen durch in- und externe Marktforschung erschlossen werden (1 Punkt). Außerdem ist ein Content-Manager (Redakteur) zur Kuratierung von Inhalten im Sinne der Zielorientierung und Qualitätssicherung zuständig (1 Punkt). In Bezug auf das Kriterium Wissensentwicklung ist der Aspekt des Anreicherns von internen (1 Punkt) und externen (1 Punkt) Marktforschungsergebnissen durch den Menschen zu nennen. Des Weiteren sollen sich Expertenteams und Kooperationsnetzwerke in allen Unternehmensbereichen etablieren (1 Punkt). Die Ideen und die Kreativität der Mitarbeiter soll durch Lob und Anerkennung gezielt gefördert werden (1 Punkt). Im Hinblick auf den Wissensaustausch muss es eine abteilungs- und ortsübergreifende Zusammenarbeit geben, bei welcher ein Umfeld des Lernens, des Teilens, der offenen Kommunikation und der Fehlertoleranz herrscht (2 Punkte). Außerdem müssen eine inspirierende Umgebung und Anregungen zum entdeckenden Lernen geschaffen werden (1 Punkt). Das Teilen von Inhalten soll die Wissensspirale aktivieren und die wissensbasierte Wertschöpfung einleiten (1 Punkt). Im Weiteren muss es Möglichkeiten zur produktiven Wissensnutzung geben, um dieses Wissen schließlich individuell oder gemeinschaftlich nutzen zu können (3 Punkte). Das logische Verknüpfen von Inhalten zur Entwicklung eines semantischen Netzes ist das Aufgabengebiet des Content-Managers (1 Punkt). Die Wissenserhaltung wird im betrachteten Modell zwischen den Aspekten „Ausweiten" und „Sammeln" gewährleistet (1 Punkt). Im Weiteren wird existierendes Wissen auf Vollständigkeit und Widerspruchslosigkeit geprüft, dazu benötigt es geschultes Personal (2 Punkte). Außerdem darf wertvolle Expertise nicht für die Konkurrenz zugänglich sein (1 Punkt). Die Bewertung des Wissens dient zur Qualitätssteigerung des Wissensbestands und wird in dem Modell durch die Prinzipien von sozialen Medien gewährleistet (3 Punkte). Ein Content-Manager übernimmt den Controlling-Prozess (1 Punkt). Im Hinblick auf die Mensch-Maschine-Interaktion ist anzumerken, dass keine Gestensteuerung, Sprachsteuerung oder Technologien zur Erweiterung der Realität angesprochen werden. Das System soll dem Benutzer das Wissen zur Verfügung stellen (1 Punkt). Die Maschine-Maschine-Interaktion wird bezüglich der Verwendung von Algorithmen des maschinellen Lernens angesprochen (3 Punkte). Hinsichtlich des Datenschutzes ist zu sagen, dass ein Maximum an Datensicherheit erreicht werden muss (1 Punkt). Außerdem dürfen nur berechtigte Nutzer Lese- und Schreibrechte für bestimmte Bereiche haben (1 Punkt).

Im Modell der Wissenstreppe 4.0 nach North [NM18] stellt die Wissensidentifikation den Anfang der Wertschöpfungskette dar. Sensoren und neuronale Netze sorgen für eine Syntax in den Zeichen und somit entstehen Daten. Im nächsten Schritt entstehen Informationen, indem den Daten (z.B.: Big Data Analytics) eine Bedeutung zugewiesen wird. Schließlich entsteht Wissen durch die Verarbeitung von Informationen (1 Punkt). Das strategische Wissensmanagement ist dafür verantworlich, dass das Organisationswissen und das Partnerwissen kritisch reflektiert wird, um mögliche Wissenslücken zu identifizieren (3 Punkte). Im Weiteren führt North an, dass das Wissensmanagement die Entwicklung von „dynamischen Fähigkeiten" von Organisationen für interne und externe Ressourcen unterstützen müsse [NM18] (3 Punkte). Schließlich muss ein gemeinsames Verständnis in der Organisation als Handlungsgrundlage existieren (1 Punkt). Hinsichtlich des Wissensaustausch ist anzuführen, dass Communities und Kollaboration Tools zum Einsatz kommen, um Wissen auszutauschen und neues Wissen zu generieren (3 Punkte). Im Hinblick auf den Wissensaustausch wurden keine Anreizsysteme erwähnt. Die Wissensnutzung soll durch einen schnellen, einfachen, umfassenden und allgegwärtigen Zugriff auf die Wissenbasis gekennzeichnet sein (1 Punkt). Der Kurator (Redakteur) bereitet das Wissen auf, welches durch Communities auf individueller und gemeinschaftlicher Ebene genutzt wird (3 Punkte). Die Wissenserhaltung erstreckt sich über die komplette Wertschöpfungskette, wobei der Kurator die Wissensbstände pflegt und aktualisiert (2 Punkte). Das strategische Wissensmanagement beschreibt die iterative Komponente in dem Modell und bestimmt welche Kompetenzen und Wissenspotenziale langfristig benötigt werden [Ort+18] (1 Punkt). Hingegen zeigt das operative Wissensmanagement die wissensbasierte Wertschöpfung auf. Hinsichtlich der Wissensbewertung wurden Konzepte wie Soziale Medien und Kuration zur Erhöhung der Qualität des Wissens angesprochen (4 Punkte). Konzepte für die Mensch-Maschine-Interaktion sind „Augmented Intelligence" oder „Cognitive Computing" [Kel15] (2 Punkte). Diese Konzepte sind auf der Stufe des Handelns angesiedelt und beschreiben Eigenschaften von Systemen, die skaliert lernen und mit dem Menschen in natürlicher Sprache kommunizieren können [Kel15]. Als „Augmented Intelligence" ist zu verstehen, dass die Kompetenzen von Experten durch das System erweitert werden können [DK16]. „Cognitive" bezeichnet ein System, welches Wissen aus unterschiedlichen Quellen integriert [NM18]. Des Weiteren werden Technologien wie Augmented Reality sowie maschinelle Berechnungen für den Menschen erwähnt (2 Punkte). Die Maschine-Maschine-Interaktion wird in Bezug auf intelligente Systeme, welche maschinelles Lernen umsetzen, angesprochen (3 Punkte). Der Datenschutz wird in diesem Modell nicht betrachtet.

Das Modell, welches im Rahmen des Forschungsprojekts „Assist 4.0: Kontextbasierte mobile Assistenzsysteme für die Industrie 4.0" ausgearbeitet wurde, beschäftigt sich mit Ansätzen für das Wissensmanagement für Service- und Instandhaltungsmitarbeiter. In diesem Modell wird die Wissensidentifikation gut umgesetzt, da das Erfahrungswissen der Mitarbeiter als wichtiges Element hinsichtlich der Identifikation von Wissen betrachtet wurde (1 Punkt). Die Transparenz über das verfügbare Wissen ist durch das Erfahrungswissen auch gegeben (1 Punkt). Ein Redakteur bereitet in diesem Modell das Wissen auf, wodurch Wissenslücken erkannt werden können (1 Punkt). Auf den Wissenserwerb von Stakeholdern, Lieferanten und externen Experten wurde in diesem Modell nicht eingegangen. Hinsichtlich der Entwicklung von Wissen ist anzuführen, dass die Mitarbeiter während der Arbeit mit Hilfe des vorhandenen Wissens neue Erkenntnisse erschließen können (1 Punkt). Das Modell verwendet nicht nur textbasiertes Wissen, sondern auch Video-, Foto- und Audio- Inhalte, welches allen Unternehmesbereichen zur Verfügung gestellt wird (1 Punkt). Mitarbeiter sind dadurch Konsumenten und Produzenten von Wissen [BAH15] (1 Punkt). Der Austausch von Wissen wurde in diesem Konzept gut umgesetzt, da die Mitarbeiter aller Fachbereiche praktisches Wissen kontextbezogen abrufen können (3 Punkte). Es wird allerdings nicht auf ein Anreizsystem eingegangen. Im Weiteren spielt die Wissensnutzung eine sehr wichtige Rolle in diesem Modell, weil die Mitarbeiter beispielsweise mit Hilfe einer Datenbrille praktisches Wissen abrufen und dieses Wissen direkt bei der Tätigkeit nutzen können (3 Punkte). Ein Redakteur bereitet das Wissen zur Nutzung auf (1 Punkt). In diesem Modell ist das Backend in der Lage die nutzergenerierten Inhalte zu verwalten, wodurch ein lernfähiges System entsteht (4 Punkte). Ein weiterer sehr wichtiger Punkt in einem Wissensmanagement Modell ist die Wissensbewertung, welche bei diesem Konzept sehr gut veranschaulicht

Kriterien / Relevante Modelle	Ganzheitliches Model eines Wissensmanagementsystems nach Seidenstücker		Wissenstreppe 4.0 nach North		Assist 4.0	
Wissensidentifikation	++	- Sammeln von Daten und Informationen - Interne und externe Marktforschung	+	- Sensoren und neuronale Netze - Big Data Analytics	+	- Erfahrungswissen der Mitarbeiter
Wissensentwicklung	++	- Anreichern von Informationen - Förderung der Kreativität der Mitarbeiter	++	- Entwicklung von „dynamischen Fähigkeiten"	+	- Entwicklung von Wissen während der Tätigkeit
Wissensaustausch	++	- Abteilungs- und ortsübergreifende Zusammenarbeit - Aktivierung der Wissensspirale	+	- Kollaborationssoftware - Communities	+	- Abruf von kontextbezogenem Wissen
Wissensnutzung	++	- Produktive Wissensnutzung - Logisches Verknüpfen von Inhalten	++	- Wissensanwendung durch Communities auf individueller und gemeinschaftlicher Ebene - Assistenzsysteme	++	- Abruf von Wissen mit einer Datenbrille während der Tätigkeit
Wissenserhaltung	++	- Sicherung von Wissen - Prüfung auf Vollständigkeit und Widerspruchslosigkeit	+	- Wissenspflege und Wissensaktualisierung durch einen Kurator - E-Learning	++	- Wissensdatenbank als lernfähiges System
Wissensbewertung	++	- Bewertung und Kommentierung von Beiträgen (Prinzipien der Sozialen Medien)	++	- Soziale Medien - Kuration	++	- Redaktionelle Bearbeitung - Kollaboratives Filtern –> „Recommender System"
Mensch-Maschine-Interaktion	-	- Aufbereitung der Inhalte durch die Technik	++	- Augmented Intelligence oder Cognitive Computing	+	- Abruf von Lerninhalten über mobile Geräte - Augmented Reality
Maschine-Maschine-Interaktion	+	- Algorithmen des maschinellen Lernens	+	- Systeme mit automatisierten Lern- und Entscheidungsverhalten	-	- Datenaustausch durch Vernetzung
Datenschutz	o	- Einschränkung von Lese- und Schreibrechten	- -	- Nicht betrachtet	++	- Authentizität - Datenintegrität - Vertraulichkeit
Notation (Punktzahl)	++ sehr gut (4) + gut (3) o befriedigend (2) - schlecht (1) - - sehr schlecht (0)					

Abbildung 4.1: Analyse-Framework

wurde. Neben der ressourcenaufwändigen redaktionellen Bearbeitung können die Mitarbeiter selbst die Relevanz im praktischen Einsatz bewerten (2 Punkte). In einem „Recommender System" setzt man auf kollaboratives Filtern, wodurch den Nutzern Vorschläge je nach Tätigkeit angezeigt werden [BAH15] (2 Punkte). Die Interaktion von Mensch und Maschine wurde betrachtet, indem man mit mobilen Geräten Lerninhalte am Arbeitsplatz abrufen kann (2 Punkte). Des Weiteren wurden Techniken, die die reale Welt erweitern (z.B.: Augmented Reality), untersucht (1 Punkt). Im Hinblick auf die Maschine-Maschine-Interaktion wurde erwähnt, dass die Maschinen durch

die Vernetzung Daten austauschen (1 Punkt). Hinsichtlich des Datenschutzes wurden verschiedene Lösungsansätze diskutiert und umgesetzt. Für die
Gewährleistung von Authentizität (2 Punkte) und Datenintegrität (1 Punkt)
wurde eine elektronische Signatur für die Inhalte eingesetzt. Schließlich wurde ein signierter und verschlüsselter QR-Code (SQR-Code) bei der Nutzung
von Datenbrillen zur Authentifizierung eingesetzt (1 Punkt). Der SQR-Code
wird zum Verknüpfen des mobilen Devices mit der Session ID aus dem Wissensmanagementsystems verwendet.

4.3 DISKUSSION

Die vorgestellten Konzepte haben verschiedene Perspektiven hinsichtlich
des Wissensmanagements 4.0 aufgezeigt. Das erste Modell betrachtet das
Wissensmanagement aus einer Marktforschungsperspektive. Das zweite und
dritte Modell beziehen die Perspektive aus Sicht der Industrie mit ein.
    Die Abbildung 4.1 legt die zentralen Analyseergebnisse übersichtlich dar.
Ein ganzheitliches Wissensmanagement beruht auf den drei Dimensionen
Mensch, Technologie und Organisation. Der Mensch spielt hierbei eine zentrale Rolle, da das Wissensmanagement auf Wissensaustausch beruht. In
diesem Zusammenhang ist anzuführen, dass Wissen immer an den Mensch
gebunden ist, wobei Daten und Informationen den Input darstellen. Die Mitarbeiter müssen bereit sein ihr Wissen zu teilen, ansonsten ist Wissensmanagement überflüssig. Der Aspekt des Teilens wurde in dem Modell von Seidenstücker sehr gut beachtet. Die Technologie ist ein wichtiger Bestandteil
des Wissensmanagements, weil man so die Informationen strukturiert verwalten kann. Die Organisation erhält durch das Wissensmanagement einen
Mehrwert, da das Nutzen von Wissen die Prozessabläufe verbessert. Diese
drei Dimension wurden in allen drei Modellen berücksichtigt, deshalb stellen alle drei Modelle ein ganzheitliches Wissensmanagement dar. Im Rahmen dieses Papers haben wird ein Modell für das Wissensmanagement 4.0
(siehe Abbildung 4.2) herausgearbeitet. Das Modell wird als Wissensblume
(engl.: knowledge flower) bezeichnet und wird nun anhand des Beispiels der
präventiven Wartung erläutert.
    In der Industrie sind viele Maschinen mit Sensoren ausgestattet, welche
große Mengen an Daten erzeugen. Diese Daten werden in der Wissensidentifikation gesammelt und schließlich werden diese Daten mittels Big Data
Analytics analysiert. In Bezug auf das Beispiel kann das Verschleißverhalten
einer Maschine oder bestimmter Komponenten durch den Einsatz von leis-
tungsfähiger Sensorik und intelligenter Algorithmen vorhergesagt werden
[ZR18]. Das erlangte Wissen ist eine zentrale Ressource in Unternehmen,
welche sich, im Vergleich zu materiellen Ressourcen, durch Nutzen oder
Teilen noch vermehrt. Das ausgetauschte Wissen kann beispielsweise über
Argumented Reality nutzbar gemacht werden. Einfache Instandhaltungsar-
beiten oder Reparaturarbeiten an einer Maschine können nun auch durch
ungeschultes Personal durchgeführt werden. Eine Visualisierung kann über
eine Datenbrille ermöglicht werden, wie dies im Forschungsprojekt Assist

4.0 sehr gut gezeigt wurde. Außerdem müssen Informationen für zukünftige Wartungs- oder Reparaturarbeiten erhalten werden. Zur Erhaltung des Wissens können neuronale Netze verwenden werden, da diese sich an der Arbeitsweise des Gehirn orientieren. Im Weiteren muss bestehendes Wissen bewertet werden können, um eine Aussage über die Aktualität treffen zu können. Die Bewertung des Wissens kann sich an den Prinzipien der Sozialen Netze orientieren und trägt zu einer Qualitätssteigerung des Wissensbestands bei. Die Bewertung des Wissens wurde in den untersuchten Modellen sehr gut beachtet. Das Modell der Wissensblume ist iterativ zu verstehen, sodass in mehreren Iteration der Wissensbestand erweitert werden kann. Des Weiteren kann in dem Modell vor und zurück gesprungen werden. Die Faktoren Technologie, Mensch und Prozess spielen gleichermaßen eine entscheidende Rolle. In der Wissenstreppe 4.0 wird in diesem Zusammenhang von Organisation gesprochen, dieser Aspekt wird in unserem Modell unter der Dimension Prozess zusammengefasst. Die Beispiele innerhalb der Wissensblume orientieren sich an der Wissenstreppe 4.0 [NM18].

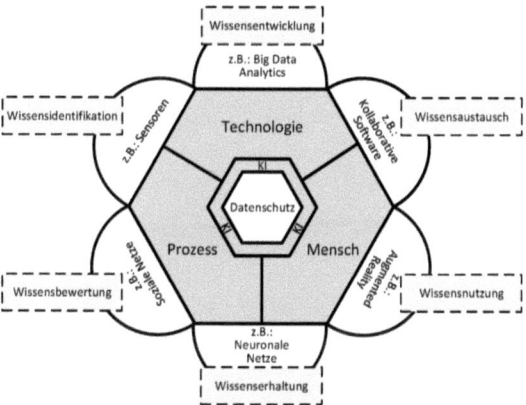

Abbildung 4.2: Wissensblume (Quelle: eigene Darstellung)

Im Weiteren wird in zukünftigen Wissensmanagementsystemen die Künstliche Intelligenz (KI) eine immer größere Rolle spielen. Die KI wird dabei auf der gesamten Wertschöpfungskette wirken und die kollektive Intelligenz wird sich weiter erhöhen. An allen Stationen der Wertschöpfungskette spielt der Datenschutz eine entscheidende Rolle. In Bezug auf den Datenschutz sind vor allem die Kriterien Datenintegrität, Authentizität und Vertraulichkeit zu beachten. Der Datenschutz spielt in unserem Modell eine zentrale Rolle, deshalb ist dieser Aspekt zentral dargestellt. In Zukunft wird der Datenschutz eine immer größere Rolle spielen, allerdings wird er in aktuellen theoretischen Wissensmanagement Modellen nur unzureichend beachtet. In der Analyse wurde deutlich, dass nur das Forschungsprojekt Assist 4.0 eine sehr gute Punktzahl erreichen konnte. Abschließend ist anzuführen, dass unser Modell bestehende Konzepte vereint und neue Aspekte einführt. Im Hinblick auf bestehende Ansätze von Wissensmanagement in der Industrie 4.0 ist zu sagen, dass aktuelle Wissensmanagementansätze auf Cloud-basierten Lösungen aufsetzten. Diese Technologie ermöglicht eine orts- und plattformunabhängige Bereitstellung von Daten und Informationen. Neue Herausforderungen für das Wissensmanagement der Zukunft sind die Kollaboration, der demographische Wandel, der effektive Ressourceneinsatz, aber auch erweiterte Such- und Analysetechniken. Abschließend ist festzuhalten, dass ein Unternehmen mit Hilfe von Wissensmanagement die eigene Wettbewerbsfähigkeit erhöhen kann.

VERWANDTE ARBEITEN

Die Themenstellung Wissensmanagement im Kontext Industrie 4.0 ist ein aktuelles Forschungsgebiet, mit welchem sich auch das Paper „Model for Incorporation of Big Data in Knowledge Management Oriented to Industry 4.0" [CRRM18] beschäftigt hat. Die Autoren Lizeth Juliana Arenas Cárdenas, Whitney Fernanda Tenjo Ramírez und José Ignacio Rodríguez Molano haben ein mögliches Modell für Wissensmanagement 4.0 aus der Big Data Perspektive vorgeschlagen. Das Modell legt die Entstehung von Wissen hinsichtlich Big Data dar. In diesem Zusammenhang stellen die Sensordaten der Maschinen das zentrale Element dar. Diese Sensordaten werden mit Data Analytics Methoden zu Informationen verarbeitet. Schließlich werden diese Informationen mit Hilfe „Information Integration" und „Cyber security" zu Wissen umgeformt. Im Vergleich zu unserem Konzept wurde in erster Linie nur der Aspekt von Big Data betrachtet.

ZUSAMMENFASSUNG UND AUSBLICK

Das Paper veranschaulicht ein Modell zur wissensbasierten Wertschöpfung in Bezug auf die Industrie 4.0. Die Anforderungen an das Wissensmanagement 4.0 liegen darin, dass das unternehmerische Wissen zeit- und ortsunabhängig den jeweiligen Fachbereichen zur Verfügung gestellt wird. Aktuelle Wissensmanagement Ansätze zeigen noch Schwächen in der Maschine-Maschine-Interaktion und bezüglich des Datenschutzes. Im Weiteren müssen in der Industrie 4.0 Mensch und Maschine als gleichberechtigte Partner agieren, um den Ansprüchen des technologischen Prozesses gerecht zu werden.

Im Weiteren ist anzuführen, dass ein erfolgreiches Wissensmanagement im Unternehmen eine Etablierung einer Lernkultur benötigt. Eine weitere Herausforderung stellen die immer größer werdenden Datenmengen dar, aus welchen mittels Big Data Analytics Informationen extrahiert werden müssen. Die Wissensblume zeigt die Anforderungen an das Wissensmanagement 4.0, allerdings sind bei einer praktischen Realisierung noch weitere Aspekte wie zum Beispiel eine effizientere Ressourcenverteilung und Performanz zu beachten. In Zukunft können noch mehr Aufgaben von Künstlicher Intelligenz oder Robotern verrichtet werden.

[AN95]   Agnar Aamodt und Mads Nygård. "Different Roles and Mu-
             tual Dependencies of Data, Information, and Knowledge-An
             AI Perspective on their Integration." In: *Data Knowl. Eng.* 16.3
             (1995), S. 191–222.

[BMB]   BMBF. *Industrie 4.0.* https://www.bmbf.de/de/zukunftspro-
             jekt-industrie-4-0-848.html. Zugriff: 20.11.2018. URL: https:
             //www.bmbf.de/de/zukunftsprojekt-industrie-4-0-
             848.html.

[BAH15]   Peter Brandl, Helmut Aschbacher und Sabine Hösch. "Mobi-
             les Wissensmanagement in der Industrie 4.0". In: *Mensch und
             Computer 2015 - Workshopband, Stuttgart, Germany, September
             6-9, 2015.* 2015, S. 225–232. URL: https://dl.gi.de/20.500.
             12116/8053.

[CRRM18]   Lizeth Juliana Arenas Cárdenas, Whitney Fernanda Tenjo Ram-
             írez und José Ignacio Rodríguez Molano. "Model for the In-
             corporation of Big Data in Knowledge Management Oriented
             to Industry 4.0". In: *Data Mining and Big Data.* Hrsg. von Ying
             Tan, Yuhui Shi und Qirong Tang. Cham: Springer Internatio-
             nal Publishing, 2018, S. 683–693. ISBN: 978-3-319-93803-5.

[DK16]   Thomas H Davenport und Julia Kirby. *Only humans need app-
             ly: winners and losers in the age of smart machines.* Harper Busi-
             ness New York, NY, 2016.

[FL14]   Monika Frey-Luxemburger. "Ansätze und Modelle des Wis-
             sensmanagements". In: *Wissensmanagement - Grundlagen und
             praktische Anwendung: Eine Einführung in das IT-gestützte Ma-
             nagement der Ressource Wissen.* Hrsg. von Monika Frey-Luxem-
             burger. Wiesbaden: Springer Fachmedien Wiesbaden, 2014,
             S. 39–70. ISBN: 978-3-658-04753-5. DOI: 10.1007/978-3-658-
             04753-5_3. URL: https://doi.org/10.1007/978-3-658-
             04753-5_3.

[HF17]   Christian Harteis und Christoph Fischer. "Wissensmanage-
             ment unter Bedingungen von Arbeit 4.0". In: *Handbuch Ge-
             staltung digitaler und vernetzter Arbeitswelten.* Hrsg. von Gün-
             ter W. Maier, Gregor Engels und Eckhard Steffen. Berlin, Hei-
             delberg: Springer Berlin Heidelberg, 2017, S. 1–18. ISBN: 978-
             3-662-52903-4. DOI: 10.1007/978-3-662-52903-4_12-1. URL:
             https://doi.org/10.1007/978-3-662-52903-4_12-1.

[HK17]   Daniel Huber und Thomas Kaiser. "Wie das Internet der
            Dinge neue Geschäftsmodelle ermöglicht". In: *Industrie 4.0:
            Herausforderungen, Konzepte und Praxisbeispiele*. Hrsg. von Ste-
            fan Reinheimer. Wiesbaden: Springer Fachmedien Wiesba-
            den, 2017, S. 17–27. ISBN: 978-3-658-18165-9. DOI: 10.1007/
            978-3-658-18165-9_2. URL: https://doi.org/10.1007/978-
            3-658-18165-9_2.

[Kel15]   John E Kelly. "Computing, cognition and the future of kno-
            wing". In: *Whitepaper, IBM Reseach* (2015), S. 2.

[NT95]   Ikujiro Nonaka und Hirotaka Takeuchi. *The knowledge creation
            company: how Japanese companies create the dynamics of innovati-
            on*. 1995.

[NT+97]   Ikujiro Nonaka, Hirotaka Takeuchi u.a. "Die Organisation
            des Wissens: wie japanische Unternehmen eine brachliegen-
            de Ressource nutzbar machen. Frankfurt/Main". In: *Google
            Scholar* (1997).

[Nor16a]   Klaus North. "Die Wissenstreppe". In: *Wissensorientierte Un-
            ternehmensführung: Wissensmanagement gestalten*. Wiesbaden:
            Springer Fachmedien Wiesbaden, 2016, S. 33–65. ISBN: 978-
            3-658-11643-9. DOI: 10.1007/978-3-658-11643-9_3. URL:
            https://doi.org/10.1007/978-3-658-11643-9_3.

[Nor16b]   Klaus North. "Wissensmanagement implementieren". In: *Wis-
            sensorientierte Unternehmensführung: Wissensmanagement gestal-
            ten*. Wiesbaden: Springer Fachmedien Wiesbaden, 2016, S. 241–
            314. ISBN: 978-3-658-11643-9. DOI: 10.1007/978-3-658-11643-
            9_8. URL: https://doi.org/10.1007/978-3-658-11643-9_8.

[NM18]   Klaus North und Ronald Maier. "Wissen 4.0 – Wissensma-
            nagement im digitalen Wandel". In: *HMD Praxis der Wirt-
            schaftsinformatik* 55.4 (2018), S. 665–681. ISSN: 2198-2775. DOI:
            10.1365/s40702-018-0426-6. URL: https://doi.org/10.
            1365/s40702-018-0426-6.

[NRSS18]   Klaus North, Kai Reinhardt und Barbara Sieber-Suter. "Was
            ist Kompetenz?" In: *Kompetenzmanagement in der Praxis: Mit-
            arbeiterkompetenzen systematisch identifizieren, nutzen und ent-
            wickeln. Mit vielen Praxisbeispielen*. Wiesbaden: Springer Fach-
            medien Wiesbaden, 2018, S. 35–110. ISBN: 978-3-658-16872-8.
            DOI: 10.1007/978-3-658-16872-8_2. URL: https://doi.org/
            10.1007/978-3-658-16872-8_2.

[Ort+18]   Ronald Orth, Erik Steinhöfel, Mila Galeitzke und Fabian Heck-
            lau. "Wissensmanagement im Kontext von Industrie 4.0". In:
            ZWF Zeitschrift für wirtschaftlichen Fabrikbetrieb 113.6 (2018),
            S. 377–380.

[PP11]   Simone Schmid Peter Pawlowsky Aylin Gözalan. *Wettbewerbs-faktor Wissen: Managementpraxis von Wissen und Intellectual Capital in Deutschland.* Aug. 2011.

[PRR12]   Gilbert Probst, Steffen Raub und Kai Romhardt. "Die Wissensbasis des Unternehmens". In: *Wissen managen: Wie Unternehmen ihre wertvollste Ressource optimal nutzen.* Wiesbaden: Gabler Verlag, 2012, S. 13–25. ISBN: 978-3-8349-4563-1. DOI: 10.1007/978-3-8349-4563-1_2. URL: https://doi.org/10.1007/978-3-8349-4563-1_2.

[RMCBRT18]   José Ignacio Rodríguez-Molano, Leonardo Emiro Contreras-Bravo und Edwin Rivas-Trujillo. "Industry Knowledge Management Model 4.0". In: *Proceedings of the International Conference on Information Technology & Systems (ICITS 2018).* Hrsg. von Álvaro Rocha und Teresa Guarda. Cham: Springer International Publishing, 2018, S. 275–283. ISBN: 978-3-319-73450-7.

[Row07]   Jennifer Rowley. "The wisdom hierarchy: representations of the DIKW hierarchy". In: *Journal of information science* 33.2 (2007), S. 163–180.

[Sei17]   Jessica Seidenstücker. "Wissensmanagement 4.0 – Neue Technologien ebnen den Weg zu nachhaltiger Marktforschung". In: *Moderne Methoden der Marktforschung: Kunden besser verstehen.* Hrsg. von Oliver Gansser und Bianca Krol. Wiesbaden: Springer Fachmedien Wiesbaden, 2017, S. 17–35. ISBN: 978-3-658-09745-5. DOI: 10.1007/978-3-658-09745-5_2. URL: https://doi.org/10.1007/978-3-658-09745-5_2.

[ZR18]   Simon Zhai und Gunther Reinhart. "Predictive Maintenance als Wegbereiter für die instandhaltungsgerechte Produktionssteuerung". In: *ZWF Zeitschrift für wirtschaftlichen Fabrikbetrieb* 113.5 (2018), S. 298–301.